Camiones de mercancías

Julie Murray

Abdo Kids Junior es una
subdivisión de Abdo Kids
abdobooks.com

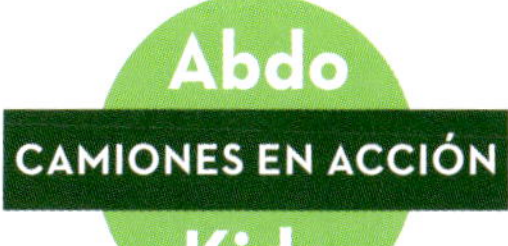

abdobooks.com

Published by Abdo Kids, a division of ABDO, P.O. Box 398166, Minneapolis, Minnesota 55439.

Printed in China

102024

012025

Spanish Translator: Maria Puchol

Photo Credits: Getty Images, Shutterstock

Production Contributors: Teddy Borth, Jennie Forsberg, Grace Hansen

Design Contributors: Candice Keimig, Pakou Moua

Library of Congress Control Number: 2024939014

Publisher's Cataloging-in-Publication Data

Names: Murray, Julie, author.

Title: Camiones de mercancías/ by Julie Murray.

Other title: Freight trucks. Spanish

Description: Minneapolis, Minnesota: Abdo Kids, 2025. | Series: Camiones en acción | Includes online resources and index

Identifiers: ISBN 9798384904274 (lib.bdg.) | ISBN 9798384904830 (ebook)

Subjects: LCSH: Trucks--Juvenile literature. | Vehicles--Juvenile literature. | Truck freight--Juvenile literature. | Spanish language materials--Juvenile literature.

Classification: DDC 388.32--dc23

Contenido

Camiones de mercancías

Los camiones de **mercancías** trasladan materiales de un lugar a otro.

Hay diferentes camiones y remolques para **transportar** distintos materiales.

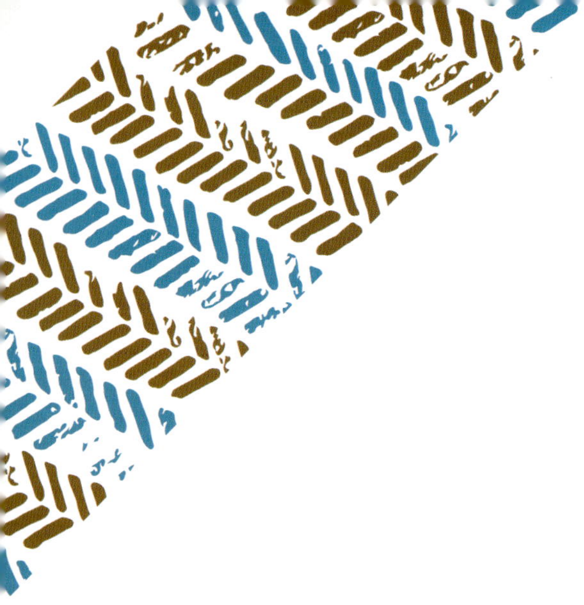

Hay camiones especiales para mantener frío el cargamento.

Camión frigorífico

Los camiones con plataforma son abiertos. Pueden cargar grandes cantidades de material pesado.

COMMERCIAL VEHICLES
To USA Border

Los camiones de carga baja circulan cerca del suelo. Cargan los materiales que son demasiado altos para los camiones con plataformas regulares.

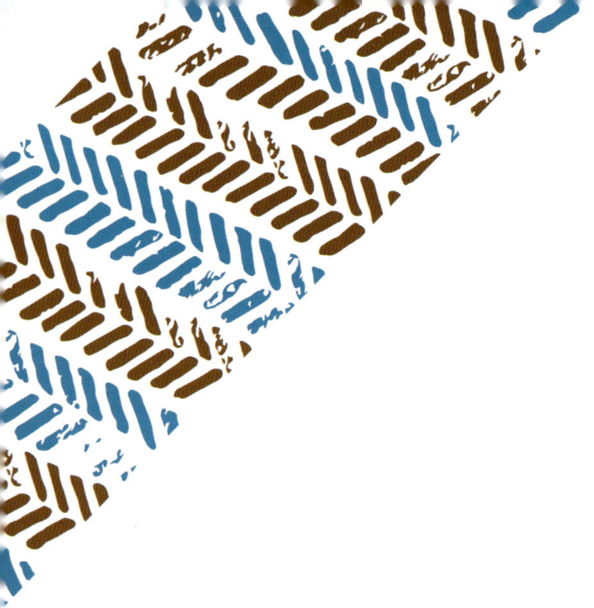

Los camiones remolque protegen la carga. ¡Pueden transportar cargas de hasta 45,000 libras (20,000 kg)!

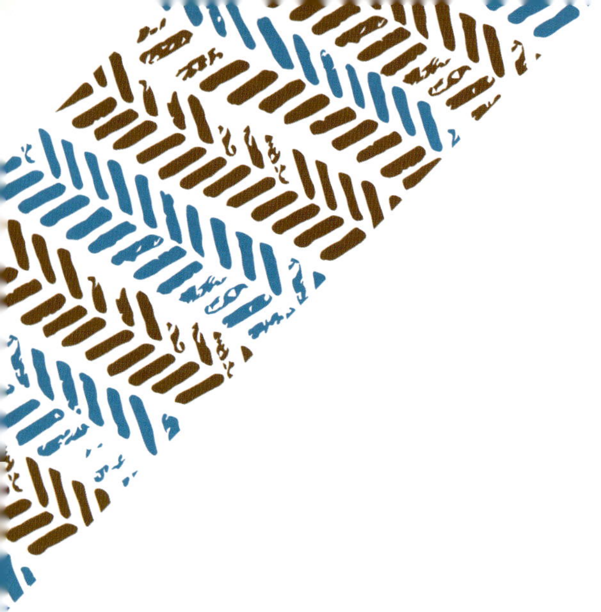

Los camiones de caja pueden transportar objetos grandes. Suelen usarse para mudanzas.

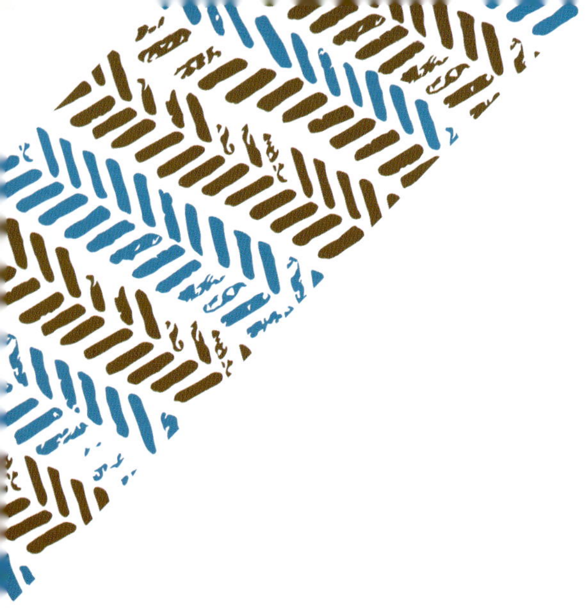

Los camiones cisterna

transportan líquidos.

¿Cuál es tu camión de **mercancías** favorito?

Otros camiones de mercancías

camión de carga seca

camión de cortina

camión de volteo

portavehículos

Glosario

mercancía
objetos que se transportan sin empaquetar. Otra palabra para mercancía es carga.

transportar
llevar material de un lugar a otro.

Índice

¡Visita nuestra página **abdokids.com** y usa este código para tener acceso a juegos, manualidades, videos y mucho más!

Los recursos de internet están en inglés.

Usa este código Abdo Kids

TFK6158

¡o escanea este código QR!